AF482161

Colección #57

«Memorias de un Poeta»

Amaury González Reyes

OASIS & ALAMBIQUE

PUBLISHING

Published by:
OASIS & ALAMBIQUE PUBLISHING CORP.
Miami, Florida
(c) 2020 Amaury González Reyes
~Colección #57: "Memorias de un Poeta"
ISBN- 9798673406687

Esta colección #57 fue terminada en Miami, en el mes de julio del 2008.

1- <u>VERTE AQUELLA NOCHE</u>

Eres un poema azul
y una luciérnaga de mi noche;
sobre todo, desde esa noche
en que te vi bajarte de tu coche,
con tu boina impregnada
del olor sensual de tu cabello
 nuevamente rubio,
y el dibujo permanente de tu sonrisa.

Los nervios no me sirvieron para nada,
solamente para emborracharme sin alcohol
y convertirme en cazador reiteradamente de desvelos,
en estas noches que ahora son una adición
constante como la Pi y quiero hablarte,
aunque sea por estas teclas.

Verte aquella noche
ha significado empezar a revivir
momentos adolescentes;
comenzar una experiencia que no se sabe lo qué es
y no puede ser,
pero es la unión de dos seres por algún motivo…

Yo seré tuyo como tu amigo
y tú serás mía como te dé la gana,
¿qué le vamos a hacer?
¡Es así la vida!

Regresa al espacio adonde perteneces,
pero si lo haces, llevadme contigo
como lo hiciste aquella noche,
cuando te regresabas en tu coche;
después de despedirte
y abrazarme como un amigo más
de una lista, que debe ser numerosa
por el cúmulo de amistades que posees…

¡Esta noche quiero verte igual que aquella noche!

2- <u>EL DESEO DE VOLVER</u>

Hoy he encontrado las ganas de volver
a esas ansias locas de ser niño otra vez;
de volcarme a la magia de cometer
los mismos errores sin sensatez.

Hoy la inspiración me recuerda
al clavo del Cristo al que estuve atado;
a la pequeña sonrisa infantil y a la cuerda
del cometa que empinaba en el pasado.

Hoy deseo volver al patio y andar descalzo,
tocar la tierra y sentir que vivo en ella;
abrazar a mi madre mientras me calzo
con la luminiscencia de una estrella.

Hoy quiero volver a mi país de sueños
y embriagarme con el sereno de la noche;
apretar mis juegos de adolescentes con empeños
y desabrocharme cada broche.

Hoy me fugaría en la Montaña Rusa
que tanto pánico me dio cuando la montaba;
pero mi pasión por aquello se desusa
con la realidad y la época que pasaba.

3- <u>NO QUIERO CONTARTE QUE TE QUIERO</u>

No voy a repetir lo que quieres escuchar
ni hablar de lo que ya has escuchado;
pero si de alguna manera puedo empezar,
voy a asegurarte que estoy como enamorado.

No quiero contarte que te quiero
porque es la frase más repetida del mundo;
es como querer aliviar un desagüe con un agujero
y con dos palabras, pretender decir algo profundo.

¡No es así! Hay muchos más detalles que decirte
y no es simplificar con sutilísimo costumbrista;
haciendo carecido el verbo de cómo sentirte
para complacerte de forma bromista.

«Te quiero», suena muy bonito al oído…
Pero cuando se quiere no se dice así;
se expresa del modo que se ha sentido
y ni es factible la oración del -Pienso en ti-.

Por eso ahora, no quiero contarte que te quiero
ni que los peces tienen los mismos colores;
mostrarte que para empezar no tengo un, Pero,
ni de los mejores hombres, los esplendores.

4- <u>LA MURALLA DEL AMOR</u>

Hay una lejanía en los bosques malayos
y unas canciones griegas en mi gargüero;
el motivo de recordar los cánticos de los gallos
en las mañanas de rocosos y arriero.

Pero la muralla desmedida del amor
me desempeña en la melodía de Pakistán;
la burla de la película y de cada actor
que me han hecho olvidar en dónde están.

Y, sin embargo, espero, espero la sonrisa
de aquella muchacha que tuve una vez en ti;
la sorpresa de verte inhalando las costuras de mi risa
con pampotas antes de llegar a esta muralla así.

No desbarataría el amor, ésta, su gran muralla
porque el Mahoma más imperioso nos intimida;
pero si hay en tu piel una huella de aquella playa,
son cosas que nos ha guardado la vida.

5- <u>CASI DESNUDO ANTE EL MUNDO</u>

Una rosa sin pétalos es mi armonía,
una venganza sin escudero es mi alma;
un niño sin juguetes es mi alegría
y estoy sin el hallazgo de la calma.

La miseria de una respuesta me arruina,
la falta de sosiego me avalancha;
me acostumbro que es sinónimo de rutina
pero con la aceptación que me engancha.

Casi desnudo ante mundo me levanto
y abrazo mi bandera solitaria;
me pongo de pie para abrirme al canto
de esta tristeza que llevo como malaria.

Mis años se han escurrido y no en vano,
pero aun así me he quedado casi desnudo;
trotando y extendiendo la mano
para obtener la esencia de mi escudo.

Casi desnudo ante el mundo que me ofrece
la distancia nostálgica y fría;
pero en este destierro siempre me crece
por más que no quiera, la agonía.

6- <u>MEMORIAS DE UN POETA</u>

Recordar, es la patria más anhelada de un poeta,
el Pasado que recoge las musas prohibidas
y las inmediatas, que se basarán es su meta
y, sobre todo, en las otras tantas vidas.

Las pasarelas de recordaciones en su corazón
son los abonos de su ceñimiento en versos,
como lo son para los matemáticos la regla y cartabón,
como para los dioses sus universos.

Las memorias de un poeta son fructíferas,
llenas de rimas y metáforas en su hechura;
el hilo de sus palabras que a veces son efímeras
pero que regresan siempre, a la realidad con dulzura.

7- <u>HE VUELTO A MI POESÍA</u>

He vuelto a mi poesía,
me he reencontrado con mi pasado
tan anhelado y atado de nuevo,
a mi sonrisa y pacifismo.

Me he escapado del Comunismo
como lo quise siempre,
y celebrar cada diciembre la Navidad.

Canto mi amplitud en el mundo
de mis idiomas hablados, de mis cosas malas,
pero el caos es la vivencia que me gusta,
la mujer que me aclama
y el desespero que espero.

Simplemente me acuesto en mi cama
bocarriba y no cuento estrellas,
porque es tonto pensar ver estrellas en el techo;
pero sí de hecho recuerdo a los poetas,
a los grandes, a los comerciales quizá,
no me importa, a esos,
a los que le hablaban al amor,
a la distancia, a esos que son mi esencia poética,
mis inspiradores, esos soy Yo…

He vuelto a mi poesía
porque me necesita
y yo la necesito a ella.

8- <u>LA VIDA ES UN RIESGO</u>

El riesgo que debemos tomar en la vida es el de reírnos de las cosas que nos pasan; de disfrutar los ratitos que se nos dan, las bellezas de este planeta y desechar la malicia y el odio que sólo nos conducen a nuestra propia trampa. La vida es un riesgo que vivimos hasta que nos vamos a otras dimensiones.

Por eso invento una poesía esta noche para vivir si es que vivo; una locura que siento y que no dejo de ser loco, porque para dejar de serlo tengo que volver a reencarnar y a lo mejor, vuelvo a ser el mismo, y de nada me serviría regresar.

Hoy quiero repetir la costumbre de ser pequeño; pequeño de amor, porque cuando el amor se me acaba, el tornasol cambia de rumbo para iluminarme opacado. Se tiene tanto que a veces es difícil ser uno; uno el que piensa hasta reventar y, uno el que ya no se divierte.

La vida es el riesgo que corremos al respirar y soltar las penas y los sentimientos que poseemos, o nos poseen ellos a nosotros. No lo sabemos, si alguien lo sabe que me lo diga, porque mi despiste no es tan selectivo, ni mis noches tan lóbregas cuando es de noche… ¡Ya!

9- <u>TU IMPOSICIÓN EN MÍ</u>

Con tus palabras me he instruido
e irreflexivamente,
pero en tus labios he sido
la brújula de tu mente
y al verte, he recibido.

Mi pasadizo secreto
es el brillo de tus ojos;
tu lucero en el concreto
detrás de reflejos rojos,
donde me quedo muy quieto.

Tu imposición en mí,
partitura de razón;
tu movimiento viví
con todo mi corazón,
y hoy me zambullo en ti.

10- <u>MI FAMILIA AFLUENTE IMPECABLE</u>

Lleno de amor, recibo mi Cristo
abrazado de ternura en la inmensidad,
en lo infinito del Querer y el Amar…

La mujer de mi vida, el fruto de su vientre.
¡Bendita seas! Como oasis eres,
afluente que cubre y abastece mi desierto.

Son dos grandes germinaciones de tu ser
los pichones de tu nido que me heredan.
Es mi familia primer afluente,
impecable magia que llevo adentro.

Bastecito que coloca mi alma
para abrazar la pasión de tenerlos y amarlos.

No hay manera más grande de respetar
el acotamiento de mi estirpe,
de las sonrisas y llantos que cometemos
y nos hacen llevar la sangre que nos identifica.

11- <u>AMALGAMAS NOCTÍVAGAS</u>

Hay más que la noche para dormir,
la mañana fragante de rocío…
El despertar casi perezoso y vacío,
las ganas nuevamente de reír.

Pero el laberinto es un valle
que nos ilumina con la luna…
La amapola que es casi la tuna
que anda por el mar y la calle.

Cada jardín busca océano verde,
cada libélula escuda su brillo...
Y la liebre surca un trillo
por donde el lobo se pierde.

La estrella polar y la osa menor
hacen una plataforma espectacular;
tras ocultarse el sistema solar
y sacar su luz del corredor.

No hay catálogos de arcoíris aquí
ni luciérnagas tan luminosas;
mas, asoman los cometas mariposas
para dibujar el crepúsculo así.

Las tardes espantan caracolas
y las algas se esfuman del horizonte;
y el ave noctámbula trina en el monte
al compás de las grandes olas.

Son amalgamas noctívagas los sueños,
el paraíso que ven los ojos poéticos;
y están claros y todos estéticos
los murmurios de nuestros empeños.

12- PARA DEJAR DE TOCARTE LA PIEL

Inolvidable el recuerdo de las huellas
que dejaron mis manos,
sobre tu piel aromatizada de sensualidad.

Ahora es un génesis la adición de tu olor
en mi instinto despistado,
de la naturaleza femenina de tu ser.

Para dejar de tocarte la piel
habría que secar primero los sietes mares,
y bajar a menos de uno el precio de la gasolina.

Es una locomoción inspirativa
abrazarte con tu fragancia de mujer,
y recorrer cada punto cardinal de tu cuerpo.

Para dejar de tocarte la piel
tendrías que renunciar a este placer,
que más que placer es una pasión dimensional.

13- <u>CONTIGO EN MIS BRAZOS</u>

Si me pusieras la mano sobre el corazón,
no sólo notarás que me late proporcionalmente
al ritmo del oleaje, de una Mar embravecida;
pero palparás que sus latidos son por tu esencia,
por la locura que habita en mis neuronas por ti.

Contigo en mis brazos, siento un nudo en la garganta
que se deslaza con la ternura de tu calor…
Y pueden ser momentos cortos que tengo a tu lado
pero son inolvidables, recordables por tanta pureza
que poco a poco, como la gotera de agua
nos van colmando la sensibilidad,
para llenarnos la vida de buena pasión,
de una adorable vibra energética con física y química.

La noche es la costumbre de mis visitas al amar;
el día, la oportunidad de tu escape de amante apasionada
pero es el resultado de igual a igual: *"que es el amor"*.
No importa la incumbencia de las mentes ajenas;
no necesitamos más que la capa terrestre
y el techo del cielo, para compenetrarnos aun más allá.

Así que contigo en mis brazos, la galaxia se extiende
y los abogados de la existencia no querrán abogar…
Pero mientras el mundo resuelve sus problemas,
nosotros resolveremos el nuestro;
y mientras la boca desee platicar y la empatía reír,
reiremos juntos por los caminos de Dios.

14- <u>**PRODIGIOSO APARECIMIENTO**</u>

Yo no cambio una hora contigo
por cien años de vida sin ti…
No me importa si hay un castigo
pero lo que sé, es que soy otro si estás aquí.

Y no es un problema de autoestima
vivir pensando que existes tú;
pero saber que no estás, es como esgrima,
un puñal envenenado con Crazy-Glue.

Cada segundo, cuenta en mis poros
cuando llega tu aroma mujeril;
atestando mi olfato de esos tesoros
que nos brillan adentro como candil.

Apareciste para darme algo que perdía,
para llenarme nuevamente de cosas;
sí; de esas esencias que ya no reían
pero contigo, vuelven a ser maravillosas.

Es un prodigioso aparecimiento tu ser,
la forma de tu sonrisa transparente;
la alegría que me puedes dar como mujer
es el complemento que me pones en la mente.

15- <u>TESTIMONIO ERRÁTICO</u>

Mi confesionario es el Chat;
mis visiones son las lecciones de la vida,
las que me ha dado ella por truhan,
aunque he lavado casi con sangre cada herida.

El pecado capital y la bisutería,
quieren agarrarme la conciencia, pero no los dejo;
soy un perro vagabundo en la armería
y una mosca posada en el espejo.

El enlace con la familia es un capitolio;
la multitud, un bulto más inservible
pero la libertad se me vuelve un monopolio,
que me enjuaga el valor invisible.

La melena es un gorro que me porta;
la vacuna es el nivel de una vecina;
la podredumbre en la imaginación aborta
porque todo lo mencionado arriba se termina.

El video de la desnudez es mi calvario;
la pesadilla del amor es una historia,
una más que vivo porque es un poemario
donde se subscribe, el nombre de la gloria.

16- <u>ELLA SE ESCAPA DEL SÍ</u>

Yo desarmo un pétalo en la desesperación,
en busca del Sí que no aparece de sus labios;
es una condena en las ideas del corazón
que no sabe medir los momentos agrios.

Y ella se escapa como humo en el horizonte,
la ataco como un enemigo que me instiga;
pero me ofrece batalla como un herido bisonte
y me deja en el gaznate, un sabor de intriga.

Potencialmente, abro los ojos para oír mejor,
si es que hablara y no me cupieran las dudas;
pero no sé por cuál laberinto busca el amor
o es que huye, por no toparse con algún Judas.

Ella se escapa del Sí, para que no me ilusione,
para romperme la esperanza de viajar a Europa;
de no navegar al Caribe en cruceros y no funcione
la química, y sin celebrar con el beso en la copa.

17- <u>DAME UN BESO EN EL CUELLO</u>

Dame un beso en el cuello
que siento como si me tocaras
el alma con tus manos…
Enlázame con tu aura
y conjúgame en tu orgasmo.
Desnúdate en la oscuridad
de cada día de mi existencia,
aunque sea para maniatarme
con la estrechez de tu cintura.

Dame un beso en el cuello
y cuélgate en mi ser sin soltarme;
que la penetración de nuestros poros
se refinen en el sabor de los labios,
que el universo de las rosas
se compartan con nuestras vidas.

Dame un beso en el cuello
y erízame la magia de la erección;
vincúlame en el diario quehacer
de las neuronas que gastas…
Y dame un beso en el cuello
que se prolongue por todo mi cuerpo;
llévame hasta ese espacio sideral
que aparenta los ósculos bien dados,
pero la apariencia en tu boca
no es ficticia, sino real, fuera de aquí.
¡Solamente dame un beso en el cuello!

18- <u>ESTA NOCHE PRONUNCIO</u>

Esta noche pronuncio tu nombre
con el verbo en extinción y melancolía;
es una posdata del Rosario de este hombre
que sufre por ti cada día.

Esta noche pronuncio tu dictado,
las secuelas de tus besos anteriores;
pero me agarro a lo que no ha pasado
y calibro los temores.

Esta noche pronuncio tu firma,
las ilusiones que alteran los afectos;
y que va en mi adentro tu estigma
que me corrige los defectos.

19- <u>VERSOS DE MAÑANA</u>

Punto de partida:
pongo las mejillas y no me golpean;
hago la magia y me recorto el pelo.
Estás al borde de la locura,
te espero en el contén del barrio
porque no hay salida por la vidriera.
Empaco mis dulces cuentos
y atesoro la imagen de los camellos,
mientras guardo la esperanza
y atropello la guitarra de las cuerdas de oro.
¡Estás pálida! Te he buscado…
Gavillo la lima del espacio
y escucho el olor de los lamentos,
pero estás tú de vuelta…
Te quiero…, lo dice un gorrión;
ensillo la montura del palo,
me enjuago la boca en tu beso,
riego a Batavia y embarazo la paz.
Tú te quedas con este café mañanero…
Yo recogeré algunos frijoles;
el taxi a la ciudad te espera,
pero sé que no irás de nuevo.
Ya no se burlan de mí los comediantes
ni los jinetes de las praderas…
Tu concepto de eternidad
se ha quedado en mis poros.
Cataplín de los jirones
y espantajos de cervezas,
para que vivas aquí, siempre.

20- <u>LOCO ENTRE LOCA, IGUAL A LOCOS</u>

Más loca que yo…
¡Ah! Menos loco que tú,
eso es así.
¿Quién sabe adónde llegaremos?
Con esta locura sin cura.
Mientras nos recluten en manicomios,
no habrá matrimonio;
pero el demonio no se nos acerca
porque sabe que estamos
totalmente locos…
Un loco entre una loca:
somos tú y yo,
el resultado es igual a locos.
No tiene medida la cordura
por eso se llama locura;
yo estoy tan loco por ti
como tú estás tan loca por mí,
¡eso es así!
Pero la división de la demencia
en el amor, no tiene conciencia;
por eso nos unimos
por ley de atracción
o simplemente, por el corazón.
Corazón de locos, de arrebatados,
¿quién lo sabe?
Somos un loco entre una loca,
igual a dos locos incurables
y eso es así.

21- TÚ ESTÁS EN MIS PUPILAS

Como la esperanza del río Bravo
de que no se muera tanta gente en él;
así estoy yo, como un esclavo
sitiándote calladamente fiel.

Tú estás en mis pupilas guardada,
como un collar en su monedero;
blanda como el algodón de la almohada
y defendida por mi corazón escudero.

Estás en mis pupilas día y noche,
convertida en mi propia semilla;
rodeada en mis sueños en el coche
y viajando por las calles de Sevilla.

Tengo tu cara en mis ojos,
tu envoltura enredada en mí;
tu olor recorre mis glóbulos rojos
y mi boca, no deja de pensar en ti.

Tú estás en mis pupilas, azul,
preciosa como la Magdalena aquella;
bendita con las rayas del tul
y más brillante que una estrella.

22- <u>LA CENA CONTIGO</u>

Yo te comiera de cena y postre
y te guardara para el desayuno;
después merendara con lo que quedara
de las migajas de tu carne.

De almuerzo te tendría en el banquete
y me tomaría el té de las tres
con la saliva de tus labios…

La miel de la tarde estaría
un poco más debajo de tu ombligo,
y las estrellas no tan altas como tu figura.

Esta cena me la repartiría de por vida,
te sazonara los senos con mi lenguaje
y me colaría en el aire de tu respiro.

El sabor de tu piel es el almíbar de vivir,
es un retozo de los jugos capilares
de tus entrañas por mi boca…

Esta cena contigo no se echa a perder
ni con el mal tiempo ni con los políticos;
tienes los ingredientes perfectos,
para hacer perfecta mi digestión.

23- <u>LAS TRAZAS DE TU VIDA</u>

Es un Discovery Channel tu vida,
una merluza en la cabeza,
un roedor en medio de Manhattan…
Tienes más canales que todos los cables
y satélites juntos.
A mí no me importa, ¿sabes?
Porque la mía es tan importante
que sólo me interesa a mí…
Pero no puedo negar que la tuya
tiene más trazas que un hormiguero
o más páginas que la Biblia.
Eres un misterio más misterioso
que la localización de Bin Laden…
Yo trato de descifrar lo más que puedo,
como un universitario en plena carrera
para detective privado.

24- <u>ERES UN IDILIO</u>

Eres un poema, una paloma,
un brío que alaba mi susurro…
Eres una poesía, una patria,
por eso contigo no me aburro.

Eres inspiración, verso y armonía,
cantos de aves, un planeta…
Eres espacio sideral y pura playa,
el mejor equipaje de mi maleta.

Eres romance, mujer, flor,
custodia y manantial verde…
Eres magia y poder de amar,
lo que nunca se me pierde.

Eres color cielo y crepúsculo,
distancia de corazones enlazados…
Manifestación del amor,
la locura de los enamorados.

Eres un idilio en mi musa,
un tornasol esperanzado en mí…
Y con tu miel me endulzo
hasta el final de los sueños por ti.

25- ¿PARA QUÉ QUEREMOS…?

¿Para qué queremos una casa tan grande,
para tener que gritarnos de una habitación a otra
y no nos escucharemos?

¿Para qué queremos tanto espacio entre los dos
si con una simple cama y el amor,
podemos unir nuestros seres?

¿Para qué queremos una limosina o un Mercedes
si andando de las manos nos amamos,
mientras ahorramos más?

¿Para qué queremos un yate en el patio,
si tenemos los cruceros que viajan por el Caribe
y disfrutamos de las vacaciones?

¿Para qué queremos el rumbo de la economía
si esta sola se arregla o se jode,
y no depende de nosotros?

26- <u>NADA SIN ELLA</u>

Ahora que todo se terminó
la lluvia comenzó,
y no sé por qué se fue ella,
ahora que la amo más que todo.

Me dice en el sonido del silencio:
Vete a la cama sin mí…
Pero me quedo con ella en esta incertidumbre.

Nada sin ella, como una flor sin pétalos,
como un manantial sin agua…

Nada sin ella, es como después de la tormenta
que nunca llegue la calma…

Nada sin ella, es mi corazón un insensible
pero irresistible a su ausencia.

27- <u>EL "SÍ" DE UNA CITA</u>

El encuentro sucederá… Yo no espero.
Estoy seguro de que ella vendrá…
Le haré una cena excelente, y unos traguitos
entre el vino tinto y el mojito.
Luego, cuando la digestión nerviosa haya pasado
la invitaré a la terraza;
allí, tal vez, nos beberemos unas copas más…
Las palabras serán serias y de vez en cuando,
una risa nerviosa,
como de principiantes escolares,
que no importa que hayan corrido los años.
¡No importa! Seguimos siendo los mismos…
El nudillo en la garganta
y las cosas que se quieren decir y no salen.
Pero allí estaremos, ya sentados, frente a frente;
en dos sillas diferentes pero iguales para los dos.
Y si alguna vez nos preguntamos que existe Dios,
será en el silencio de nuestra existencia,
porque para ese momento no quedará nadie
entre los dos…, aunque agradecidos de Dios;
porque Él nos hace el camino
para llenarlo de amor.
Y en esta cita yo no me quedaré mudo,
¡no señor! ¡No!
Ya estoy muy maduro
para estar ocultando lo que siento,
y por eso buscaré hasta el infinito,
el sí de su boca preciosa.

28- <u>ME DUELES HASTA LA MÉDULA</u>

Era difícil pensar, que te echara tanto de menos,
que se me nublara el conocimiento
y me volviera loco por ti, por verte,
por saber qué quieres…

Me dueles hasta la médula,
este sentir que me provocas con tu esencia…
La maravilla de tenerte despierta el enigma
sedoso de cualquier vino, pero es la fantasía.

29- <u>SOBRE TU CUERPO</u>

Sobre tu cuerpo puedo crear al mundo de nuevo
si Dios me lo permite;
sobre tu cuerpo puede descansar mi azadón,
hasta separar la Muralla China
e ir a hacer arepas en los cráteres de la Luna.

Sobre tu cuerpo puedo divagar las distancias
entre Marte y la Tierra;
sobre tu cuerpo me mudo de mis historias
por tal de quedarme plasmado en la tuya.

Sobre tu cuerpo me posaría como una mariposa
a despertar las margaritas;
sobre tu cuerpo escoltaría tu alma
con su sonido arrítmico, que vibra en mi Ser.

30- <u>**TENEBROSAS CONFESIONES**</u>

Ya me salieron las primeras arrugas
en la contienda de la vida;
y andando se nos fuga
la parentela que nos intriga.

Entre más descubro
menos sé…
Y si en ignorancia me encubro,
más analfabeto seré.

Por eso visito la planta
que hace tiempo planté;
y llamo a mi abogado en Atlanta
para ver cómo va el soborno al juez.

31- <u>CONTRATO CON MI AMOR</u>

Tengo un contrato con mi amor
que la mujer que me ame más,
le daré por siempre mi corazón…

Tengo un contrato con mi amor,
dejaré de ser quien soy por amar
hasta anular la razón.

32- <u>ME VOY DE TI</u>

Me voy de ti como ventolera ciclónica,
desarmado de ganas y decepcionado de tu silicón.

Me desahogo de tus palabras y ósculos,
para conseguir la resignación de abandonarte.

Me voy de ti sin la duda del regreso…

Me marcho hacia otros rumbos desconocidos,
para sólo tratar de anclarme en las piernas
depiladas de una mujer que sostenga mi virilidad,
y ame mis caricias rusticas;
la misma dama que lea mi poesía,
que se sienta designada a hacerme feliz,
como tú ya no podrás...

Por eso, me voy de ti, me cambiaré
de tu continente para otra órbita rejitada
para mejorar mi corazón.

Enfermo, ya palidezco, enredado, ennegrecido,
enmohecido y distante de tus logros para siempre.

Me voy de ti, contagiado del no volver,
para no cometer los mismos errores en el Amor.

33- <u>POEMA A UNA MUCHACHITA</u>

La catedral siempre va a ser
el punto ideal…
Vos encontráis a tu príncipe
y los herejes reirán con maldad.

El cielo, los pasos, los tormentos,
todos abrían nuestros lazos;
tu príncipe te besará
y las palomas de la Plaza acallarás.

Un vicario amigo del arzobispo
contará estrellas de espionaje;
vas arreglada, muchachita de pueblo,
más enamorada, que un amor…

34- <u>EL MARTIRIO TRAIDOR</u>

Es casado y hasta tres hijos tiene,
es señor de no sé qué señora…
Pero su amante lo entretiene
y se acuesta con él, a cualquier hora.

Los sueños, sueños no han de ser,
porque al soñarse se pierde el amor;
el ama de casa ya no es mujer,
y hay otra que le regala la flor.

Ya él no tiene pasiones en su hogar,
el cheque llega, sus hijos no lo esperan;
se excusa inútilmente al trasnochar,
diciendo que en su trabajo lo encierran.

35- <u>MI DESASTRE</u>

A veces me canso,
hay otras que no trabajo
para no cansarme y quedarme dócil,
y al final me aburro de no hacer nada.

Ya en Miami ni llueve,
Venezuela está sin presidente, aunque lo tenga...
Madrid aún espera por mí
y mis padres sueñan con su hijo desterrado.
¿Valdrá la pena habitar en un planeta
que el futuro es una mierda?

Ahora quiero buscarme una novia,
desenterrar la cuerda que me ahoga;
cavilar al lado de un buen libro de filosofía,
reírme de las cosas que causan risa.

Deseo desnudarme al viento,
encaminarme a una escuela cualquiera,
abnegarme en los versos de mi oda
pero quiero tirar todo aquello
que me resultó retardo y problemas...
Quiero una lámina de ideales
y conducta de suelos apañados.

36- <u>QUISIERA AGRADECERTE A TI, MI DIOS</u>

Quisiera agradecerte a ti, Dios mío,
inspirador de mi energía...
Libertador de mis enfermedades;
el tálamo de mis fuerzas.

Quisiera agradecerte a ti,
esencia de mi alma, Todopoderoso;
iniciador de mi vida,
el motivador a luchar por vivir.

Quisiera agradecerte a ti,
músico que compone mi música;
rostro aparecido de mi gloria
y secretos que me llevaré a la tumba.

Quisiera agradecerte a ti, mi Dios.

37- <u>UNA ODA PARA TI</u>

Una noche como todas las de los poetas,
te he buscado…
Yo sé que tú no sabes, ¡bah!... que te amé,
porque ni siquiera yo lo sabía…
Un verso te he escrito, el mismo verso
que cualquier poeta escribiría,
pero en mi verso se va la simpleza
de lo que ha sentido un hombre
por amar a una mujer;
por eso, no me complico
porque los sentimientos de por sí solos
son una complicación.
Yo sé que tú no sabes que te amé,
porque ni siquiera lo sabía yo.
Si la noche cayera sobre las pestañas,
el sueño de mi vida llenaría cada quimera
y enseguida que corro me persigue el sol,
porque en el mundo no hay nadie como tú.
Yo estaba soñando que me querías
mientras me iluminabas la imaginación,
las caricias apasionadas que me dabas.
Más que el tiempo, más que la Apocalipsis,
más que el trueno, más que el infinito,
más que el trópico, más que allá, más…
Más que la emoción, más que el suplicio,
más que el mundo, más que el humano,
más que lo escrito, más que tú…, más, estoy en ti.
Mañana, no es para ti ni para mí
ni el fin de tu amor y el mío…
Hoy es el cimiento postergado
y la última posibilidad reconstruida.
Acaba en nosotros lo que se inició tarde
y espera en el futuro lo que es pasado.

38- <u>TRATÉ</u>

Traté y no quiso conmigo,
traté y no me correspondió;
traté y no vi su ombligo,
traté y no tuve su amor.

Traté y no me dio la oportunidad,
traté y no abrió sus brazos…
Traté y paró mi actividad,
traté y nunca hubo lazos
entre los dos…

39- <u>TE CUENTO UN CUENTO</u>

Te cuento la historia
que termino amándote;
que tengo mala memoria,
que estoy recordándote.

Te quiero contar también
que te pido esperanza;
que todo está bien,
que necesito tu alianza.

Te cuento un cuento
sin suspenso ni final;
que por cariño intento
llevarte hasta mi panal.

Los cuentos suelen ser
más que interesantes mentiras;
pero tú eres una mujer
que todo el universo me giras.

40- <u>TÚ JUNTO A TODO</u>

Con esta lluvia que llega
y mi conciencia se recupera;
tu recuerdo que ahora navega
junto a tu profesión de enfermera.

Y el Sol hoy no saldrá,
las yerbas secas levantan sus tallos…
Piensas que vale quién cantará
junto a los amaneceres y los gallos.

Y estás aquí y no estás,
como cada poema que te escribo…
Eres de algún color o de algún Jamás,
junto a los mensajes que recibo.

Tú junto a todo me digo así,
resolviendo el crucigrama de la manía;
el amor que dejaste en mí,
hoy aun refresca su etimología.

41- <u>APOLOGÍA DESIGUAL</u>

Cuando la vida entrega la alegría de amar,
es como una fuente que desemboca al mar.

Y la diferencia de los amantes son algunos años,
pero el amor se encarga de ponerle los peldaños.

Para ser tu madriguera, tu madrigal encarnado,
cruzaría los faros apolíneos, vencería lo sagrado.

Acabaría la guerra del Medio Oriente y volvería,
a meterme en el vientre de este amor cada día,

porque me haces sentir más vivo que la vida que vivo.
Te tocaría los senos, aunque estén gastados del recibo.

Por los toques de otros… te besaría intensamente
aunque la carnosidad de tus labios esté ardiente,

desgastada por el tráfico de millones de roces,
pero que esos actos sean cómplices de otras voces.

42- <u>TÚ ERES UNA CLASE DE MUJER</u>

Tú eres una clase de mujer
que desorbita a los hombres;
te cambias el pelo y el nombre
disfrazándote con otro oropel.

Tú eres una clase de mujer
que resta la visión masculina;
tu atracción tan femenina
desbarata cualquier papel.

Tú eres una clase de mujer
muy millonaria en mentiras;
que te encoges y te estiras
como se arregla un mantel.

Tú eres una clase de mujer
con fama rosada y prematura;
con la talla de tu cintura
en la puerta de un burdel.

Tú eres una clase de mujer
que no se quiere y se olvida;
porque luego de la pasión ida
queda sólo el gusto del pastel.

43- <u>ARREGLEMOS LAS COSAS YA</u>

Por sí o por no
arreglemos las cosas ya;
yo no estoy para jugar
ni perder un minuto más…

Por sí o por no
dime la verdad,
que tú no eres la mismísima Virgen
ni yo el monje de la Catedral.

Por sí o por no
decídete si te gusto,
no hagas tanto hincapié
en un juicio injusto.

Por sí o por no
arreglemos las cosas ya;
no queramos afianzarnos
a las mentiras y las marañas,
que me extraña que siendo araña
de la pared tú te caigas.

Por sí o por no
dime que sí o dime que no;
pero acaba ya por favor,
que mi amor está en stand-by
y no puedo seguir esperando
que se acabe el año.

Por eso arreglemos las cosas ya,
acabemos por la incertidumbre
que nos confunde más
y no nos lleva parte alguna…
Simplemente se inunda más la laguna
de dudas y me haces sentir,
que no valgo nada por la ausencia
de una simple respuesta
y sólo vivo con tu incógnita a cuestas.

44- <u>CONFESIÓN DE VARÓN</u>

Quiero desvestir la aurora
con la humedad destilada de tus «buenos días».
Renunciar a ser el pastor
de la parroquia más cercana.
Puedo, a veces, medir las acequias
y los muelles de cada vagón.
Te miro sedada, insólita, luz divina…
Eres mi aura, mi conciencia;
te escurro mientras me levanto
para enjuagarme la boca
con las respuestas a tus dulces palabras.
Tus ojos son como arcoiris
que encajaron en mi vida;
los colores de ellos son violetas
que me dan interminables fragancias.
Puedo mirarte sin tener nada contigo
y pisotear tu mismo suelo.
Siento mucha necesidad de hablarte…
Debo ser un anacrónico estúpido,
insolente y despreciable…
Te he buscado de una forma asquerosa,
te he mordido en las ganas
de platicarte y decirte mis intenciones…
Voltea hacia mi locura, tu silencio;
me vuelvo patraña y enredos por pensarte.
Comienzo en mí y termino contigo,
cuando despedazo nuestras vidas.
¡Soy un enfermo!, (me confieso como varón);
he pensado hasta en perturbar la pasión
deshojando tu menudo
y bien configurado cuerpecito…
Soy muy malo, porque te amo.

45- <u>A LO QUE VENGA DE TI</u>

Yo amo tu perfume,
te quiero por lo que eres para conmigo;
oigo el problema que te consume
y a tu lado todo consigo.

Imagino tu pensar,
me embarco en tu bote hacia los mares;
recibo tus cuentas sin pagar
y mi verano está en tus poros solares.

Cada noche es un sueño verte,
una locura dibujarte desnuda;
pero cuando quiero quererte
la realidad me aleja y te hace muda.

No hay mal que por mujer no venga,
ni un corazón que soporte esto;
pero te siento, aunque te retenga
bajo la cápsula de algún pretexto.

Tus muslos son víctimas de mis ojos,
tu boca la busca mi boca;
no me impides si te causo enojos
pero mi imaginación es como una roca.

Yo estaba soñando aun
con el velo ante mi cara;
pensando que no eras común
para amarte sin que te necesitara.

Lo que venga de ti lo recibo
con la puerta de mi alma abierta;
con un deseo en el archivo
de la esperanza despierta.